THÈSE

POUR

LA LICENCE.

A LA MÉMOIRE DE MA MÈRE,

A MON PÈRE,

A MA GRAND'MÈRE,

A MES PARENTS, A MES AMIS.

ACTE PUBLIC

POUR LA LICENCE,

EN EXÉCUTION DE L'ARTICLE IV, TITRE II, DE LA LOI DU XXII VENTOSE AN XII,

SOUTENU

PAR M. DE CAMBOLAS (ALPHONSE),

Né à TOULOUSE (Haute-Garonne).

JUS ROMANUM.

SOURCES DE LA MATIÈRE :

INST. LIV. III, TIT. 26. GAIUS LIV. III, TIT. 155-462. PAUL. SENTENC. 11-15. PANDECTES LIV. XVII, TIT. 1.

De Mandato.

Mandare est aliquid gratuitò gerendum committere.

Mandatum originem à *manus datione* contrahit. Antiquissimis enim temporibus mandatum non erat *contractus*, sed tantum negotium quod

1855

inter amicos intercedere solebat. Amici amicis mandantes, dextram eorum prehendebant.

Nunc mandatum definiri potest : Contractus *consensualis quo negotium honestum* ab alio ex fiduciâ commissum, gratis administrandum gerendum que suscipiatur. Mandans dicitur, ille qui negotium gerendum committit; mandatarius, qui gratuito accipit.

Enim mandatum debet essse *gratuitum*. Nam, si pro mercede alienum negotium suscipitur, erit *locatio conductio*. Si mandatum pro alia re, aliove facto, erit *contractus innominatus, facio ut facias, facio ut des*.

Mandatum tamen honorarium non exludit. *Honorarium a Mercede* differt, eo quod per stipulationem vel pactum non solet definiri.

Merces vero, veluti in locatione conductione, contractui includitur.

De variis divisionibus mandati.

Mandatum recepit varias divisiones : aliud est *expressum*, aliud *tacitum*. Aliud *generale*, aliud *speciale*. Aliud negotiorum Judicialium, aliud extra judicialium.

Hic agitur de divisione quinque partita, a fine sumpta, scilicet, aliquis tibi mandare potest.

1° Aut sua lantum gratia;

2° Aut sua et tua;

3° Aut aliena tantum;

4° Aut sua et aliena;

5° Aut tua et aliena.

At si tua, tantum, *gratiâ* tibi mandatum sit, supervacuum est mandatum, et ob id nulla ex eo obligatio nec mandati, inter vos actio nascitur. *Ins-p-ti*. Ratio, quia hoc consilium potius quam mandatum, est; et liberum cuique est per se explorare, an sibi expediat consilium exsequi.

Quæritur an mandati teneatur, qui mandavit tibi ut pæcuniam Titio fenerares? Ex post multas controversias Sabini sententia obtinuit, obligatorium esse in hoc casu mandatum; quia, scilicet, non aliter Titio credidisses quam si tibi mandatum esset. (Inst. liv. III tit. XXVI, §.6.) Sed si tibi simpliciter affirmaverit idoneum esse Titium, cui pecuniam mutuam dare commendatus fueris, non interveniente mandato aut consilio de credendo, mandati non teneris.

Mandantis tantum gratia intervenit mandatum, quoties cumque quis mandat tibi ut negotia ejus gereres, exempli gratia, ut fundum ei emeres.

Tua et *mandantis* : veluti si volente te agere cum eo ex fidejussoria causa tibi mandet, ut cum reo ages periculo mandantis.

Hoc ita est, quia jure veteri, fidejussor, ante reum principalem conveniri potuit, neque beneficium ordinis, sive discusionis ei competebat quod demum à justiniano (novella 4), ei concessum fuit.

Porro, veteri jure, semel judicio cum reo principali instituto, fidejussor liberatur, nam per litiscontestationem, cum reo principali initam velut obligatio perimebatur, et nova ex litiscontestatione incipiebat, solum que reum ad judicandum tenebat.

Aliena tamtum causa. Veluti, si tibi aliquis mandet, ut Titii negotia gereres. At, dici potest : nihil interesse mandatoris ex hoc mandato? Sane hoc est ita, sed ab initio tantum ; nam ex post facto fieri potest ut intersit. Non ne ex gestu tuo, mandator titio obligetur nomine *negotiorum gestorum?*

Sua et aliena. Veluti, si de communibus suis et Titii, negotiis gerendis tibi mandet, mandati, in hoc casu, ad mandatorem atque alienum utilitas apparet.

Tua et aliena. Veluti, si tibi mandet ut Titio sub usuris crederes. Hoc mandatum usque ad mandatarii acceptatione inutile est.

Quale negotium mandato suscipi non licet et de obligationibus, mandatarii et mandantis.

Mandare non potest res illicita, nec ex hoc contractu obligatio nascitur. Igitur, si quis latroni mandet ut *Mœvium occidat,* latro non obligatur, licet talem mandatum acceperit.

Mandatarius fines mandati excedens nihil agit: Mandatarius substituere generaliter non potest nam qui mandat, personæ industriam eligit, quam fiduciam non statim in substituti mandatarii dexteritate ponimus.

Mandator tenetur etiam ad exactissimam deligentiam, mandatum quoque contractus famosus est.

Hinc si mandatarius ob dolum condamnatur, fit infamis quid enim turpius quam amici spem destituere? (Cic pro. Roscio.)

Quibus modis finitur mandatum.

1° Mandatum finitur *mutuo consensu.*

Nihil enim tam naturali rationi conveniens est, quam eodem genere quidque dissolvi quo colligatum est.

2° *Revocatione mandantis :* scilicet reintegra.

Nam si negotium jam cæptum est, adhuc revocatione locus est. Sed mandatarius indemnis esse debet.

3° *Renuntiatione :* Sed requiritur ut non sit intempestiva. Renuntiatio est tempestiva, si fiat eo tempore, quo mandans per se, vel per aliùm potest adhuc negotium exequi ; ita ut si mandatarius intempestivè renuntiaverit actione mandati teneatur, non quidem ut mandatum impleat, sed ut præstet quod mandantis interest. Casus excipitur quo mandatarius justam habuerit causam intempestivè renuntiandi, si adversa valetudine impeditus fiunt....

4° Morte *contrahentium* : in hoc contractu, scilicet, personæ industria eligitur. Jam ad hæredem industria transgreditur ; ergo *mors* hic *omnia solvit.*

De actionibus quæ ex mandato nascuntur.

Duæ actiones ex hoc contractu nascuntur, altera directa mandati altera contraria mandati. *Directa* datur adversus mandatarium, quia is statim initio ex ipsa natura contractus obligatur. *Contraria*, adversus mandantem, quia is, nisi ex post facto non obligatur initio.

Illa agit mandans ad negotium perficiemdum, rationes reddendas, rem ex mandato adquisitam tradendam, damnum præstandum. Et ad omne id ad quod mandatarius ex contractu obligatur. Hæc agit mandatarius adversus mandantem ad indemnitatem.

CODE NAPOLÉON.

Jouissance et privation des droits civils.

ART. 7 A 33.

Le législateur, lorsqu'il créa les lois qui devaient régler entre eux les droits des citoyens, avait résolu d'abord que la jouissance en devrait appartenir à tous. Dans son esprit, la loi naturelle présida, pour ainsi dire, à la naissance de la loi civile. Le législateur ne vit, en effet, dans l'Etat, qu'une grande famille; et en ordonnant, avant tout, que chacun des enfants du père commun aurait part aux mêmes droits, il ne fit qu'obéir à un principe d'équité naturelle qu'aucune loi, du moins encore, n'était venue sanctionner. Mais, si la justice avait consacré le bienfait, elle en exigea de même la déchéance, en tout ou en partie, soit lorsqu'on serait déclaré indigne d'y participer, soit lorsque les conditions qui l'avaient fait naître cesseraient d'exister. Eût-il été juste, par exemple, que l'enfant qui aurait abandonné sa famille pour en choisir un autre, eût toujours part aux mêmes droits? Non. On ne pouvait lui accorder une place à deux foyers à la fois, et c'est déjà beaucoup que la patrie, en véritable mère, le reconnaisse à son retour et le considère alors comme ne l'ayant jamais quittée. Mais, dans ces circonstances, si le pays retire ses droits au citoyen qui le fuit, c'est que celui-ci, le premier, renonce à ses devoirs. Entre le sujet qui s'expatrie et l'Etat, il ne doit plus exister d'obligations, puisque entre eux il n'y aura plus désormais aucun rapport. C'est la conséquence naturelle d'une séparation amicale, d'ailleurs, et que le pays est toujours heureux de voir finir. Il peut arriver encore que la grande famille brise violemment avec un de ses membres, qu'elle lui interdise l'exercice de quelques-uns de ses droits, pour le punir d'une violation partielle ou complète à ses devoirs. Quelquefois même le déclarait-elle déchu de tous, punition terrible, appelée mort civile, qui, de la double existence de l'homme, en retranchait la plus précieuse... la vie morale!... Je ne parlerai pas davantage ici de cette peine rejetée aujourd'hui ; il me suffira de dire qu'en l'appliquant aux fautes les plus graves, ceux qui la promulguèrent crurent, sans doute, qu'elle était en rapport avec l'offense. La nouvelle loi prouve qu'ils avaient dépassé le but, et, de toutes parts, la justice, représentée par l'opinion publique, lui témoigne sa reconnaissance d'avoir condamné cette fatale erreur.

Le législateur donc, après avoir appliqué à tous la règle générale, a cherché consciencieusement à déterminer l'exception applicable à la minorité. La jouissance des droits civils pour la masse des citoyens devait entraîner nécessairement la privation de ces mêmes droits pour quelques-uns ; et je vais essayer de développer avec lui dans quels cas et de quelle manière doivent s'appliquer et la règle générale et l'exception.

La matière que je dois traiter se divise naturellement en deux chapitres. Dans le premier, nous aurons à étudier la jouissance des droits civils, et le second sera consacré à l'étude de la privation de ces mêmes droits.

CHAPITRE Ier.

Jouissance des droits civils.

Les droits se divisent en droits matériels, civils et politiques. N'ayant à m'occuper ici que des droits civils, il me suffira d'en donner la définition pour les distinguer des autres.

Les facultés qui s'exercent dans les rapports des personnes privées entre elles, et que confère la loi civile, sont appelées droits civils.

Telles sont les facultés de succéder ; de disposer ou de recevoir par donation ou testament, de se marier et de jouir des bénéfices du mariage, etc., etc.
Ces droits sont résumés dans le droit privé, qui est défini : *celui qui
comprend les lois qui règlent les rapports de particulier à particulier*.

L'exercice des droits civils, dit l'art. 7 du Code Civil est indépendant
de la qualité de citoyen, laquelle ne s'acquiert et ne se conserve que conformément à la loi constitutionnelle. Cet art. 7 nous ferait croire que, par
cela seul qu'on est français, on n'est cependant pas citoyen. En effet, suivant la Constitution du 22 frim., pour acquérir cette qualité de citoyen, il
fallait remplir certaines formalités qui, en en octroyant le titre, y attachait
le pouvoir d'exercer les droits civiques. Dans la suite, cette Constitution fut
remplacée par deux chartes, qui, dans leurs articles, ne faisaient aucune
mention des dispositions de frimaire. On a conclu de là qu'elles n'étaient
plus nécessaires, et que, par cela seul qu'on naissait français mâle, on
arrivait de droit à acquérir, par la majorité, le titre de citoyen.

L'article 8, qui ajoute : *Tout Français jouira des droits civils,* nous
amène, en le comparant à celui qui le précède, à faire une distinction importante entre l'exercice et la jouissance de ces droits.

La jouissance des droits civils en est, pour ainsi dire, la propriété ; l'exercice n'en est que l'usage. Or, il arrive souvent qu'on ait la propriété d'un
droit et qu'on n'ait pas le pouvoir d'en user. Je citerai comme exemple,
dans ce cas, le mineur et la femme mariée, qui ont la propriété de
leurs droits civils, tandis que l'exercice en est confié au tuteur ou au
mari.

Ainsi, il suffit d'être français pour avoir, sinon l'exercice, du moins la
jouissance des droits civils. Mais quelles sont les qualités requises pour
être français ?

On est français par la naissance ou par un événement postérieur.

Pour reconnaître le titre de celui qui se prétend français par droit de
naissance, il faut se reporter au lieu de cette naissance, aux personnes de
qui il est né, aux rapports et aux liens qui unissaient ces personnes. Dans
le cas où la qualité de français est attribuée à un événement postérieur
auquel la loi a attaché cet avantage, il faut se demander si cet événement

s'est accompli, et s'il s'est accompli dans les conditions déterminées par la loi.

1° Ainsi, est français par sa naissance : l'enfant légitime né, soit en France, soit à l'étranger, d'un père français. On n'a pas égard à la condition de la mère, dans le cas de légitimité ; et la raison en est que, par l'effet du mariage, l'enfant suit toujours la condition du père.

2° L'enfant est-t-il illégitime ? n'y a-t-il pas mariage, enfin ? Il faut considérer alors s'il y a eu ou non reconnaissance régulière. Dans le premier cas, l'enfant suit la condition de celui de ses parents qui l'a reconnu, s'il ne l'a été que par un seul ; car la reconnaissance attache légalement l'enfant à son auteur. Mais que faut-il décider lorsque le père et la mère ont tous deux reconnu l'enfant ? Quelle est la condition de celui des deux qu'il suivra ? Les auteurs diffèrent d'avis à ce sujet. MM. de Molombe et Marcadé soutiennent que l'enfant doit suivre la condition de son père, et il existe, relativement à leur opinion, que nous adoptons, plusieurs arrêts qui décident en sa faveur.

3° Enfin, lorsque l'enfant n'aura été reconnu ni du père ni de la mère, on ne devra considérer que le lieu de sa naissance : ainsi, est-il né en France ? il sera français ; est-il né à l'étanger ? il sera étranger.

Les auteurs sont encore divisés sur la question de savoir si c'est la condition que le père (ou bien la mère, dans le même cas) avait lors de la conception de l'enfant, ou bien celle qu'ils avaient lors de la naissance, qu'il faut attribuer à cet enfant. Quelques-uns soutiennent que l'enfant ne commençant qu'à l'époque de sa naissance à former une personne morale, c'est à ce moment seul qu'il faut se porter et décider qu'il suivra toujours la condition qu'avait alors son père ou sa mère.

D'autres, et ceux-là me paraissent avoir l'opinion la plus vraie, disent qu'il faut distinguer entre le père et la mère. Si c'est par la condition du père qu'on doit fixer celle de l'enfant, c'est à l'époque de la conception qu'il faut se reporter ; car, ajoutent-ils, dès cet instant l'enfant est tout-à-fait distinct et séparé du père ; ce dernier, en le créant, a fait passer en lui les droits et qualités qui étaient sa propriété au moment même de la création. Que ces droits et qualités changent, se perdent dans la suite, peu importe à l'enfant. Son père ne peut plus lui ôter ce qu'il lui a donné ; lui seul peut le perdre par sa volonté ou sa faute.

Quand c'est, au contraire, par la condition de la mère qu'on doit se déterminer, il faut se rattacher soit au moment de la conception, soit à celui de la naissance, soit à un moment indéterminé de la grossesse, selon qu'il est le plus avantageux à l'enfant. *Infans conceptus pro nato habetur quoties de commodis ejus agitur.* Or, comme la loi suppose qu'il est toujours plus avantageux pour lui de naître français, c'est toujours en faveur de cette qualité qu'elle décidera.

Nous avons déjà dit plus haut qu'on est encore français par un événement postérieur auquel la loi a attaché cet avantage. Ce résultat peut s'obtenir de *six* manières différentes. Le Code, cependant, n'en indique que trois.

L'art, 9 nous apprend la première manière d'être français, par le bienfait de la loi.

Cet article accorde cette qualité à l'étranger né en France, à la charge : 1° de la réclamer dans l'année de sa majorité ; 2° de déclarer en même temps qu'il entend fixer son domicile en France ; et 3° de s'y fixer effectivement dans l'année de sa déclaration, s'il n'y est déjà. La loi du 22 mars 1849 modifie cet article en y introduisant une exception.

Voici le texte de cette loi :

L'individu né en France d'un étranger sera admis même après l'année qui suivra l'époque de sa majorité à faire la déclaration prescrite par l'art. 9 du Code Civil, s'il se trouve dans l'une des conditions suivantes : 1° s'il sert ou a servi dans les armées françaises de terre ou de mer ; 2° s'il a satisfait à la loi du recrutement, sans exciper de son extranéité.

Mais laissons l'exception pour passer à la règle.

Il est donc bien établi par l'art. 9 que ce n'est qu'à partir de sa réclamation que l'enfant né en France d'un étranger pourra acquérir la qualité de français ; et nous croyons, malgré l'opinion contraire d'un savant auteur, M. Toullier, que l'enfant ne pourrait pas prétendre à faire rétroagir jusqu'au jour de sa naissance les effets des formalités qui le créeront français. Du reste, par la comparaison de notre article avec les art. 10 et 20, on peut se convaincre de la justesse de cette opinion. D'après l'art. 10, en effet, l'enfant né à l'étranger d'un ancien Français peut recouvrer cette qualité à quelque époque qu'il en ait le désir, et, de son côté, l'art. 20 interdit à cet enfant la faveur de la rétroactivité. *A fortiori* doit-il en être ainsi à l'égard de l'enfant dont notre article s'occupe, puisqu'il est moins bien traité que l'autre?

La loi, dans notre article, fixe comme temps utile pour faire la réclamation : « l'année qui suivra l'époque de la majorité » , sans qu'on puisse ni la devancer ni la dépasser. Mais cette majorité est-elle la majorité fixée par la loi française, ou bien celle fixée par loi du pays auquel appartient l'enfant? C'est, à notre avis, cette dernière.

En effet, s'il en était autrement, le bénéfice de la loi deviendrait bien souvent illusoire; car le jeune homme sujet d'un pays où la majorité est plus retardée que dans le nôtre, songerait-il, pendant qu'il est sous la puissance d'un tuteur, et quelques années avant sa majorité, à la position définitive qu'il voudra acquérir après cette époque? En eût-il la volonté même, aurait-il le pouvoir de satisfaire aux conditions exigées par notre article? Probablement non; car l'influence ou l'autorité de son tuteur pourraient y mettre de nombreux obstacles, et cet enfant, arrivé à l'époque où la majorité lui aurait rendu toute sa liberté, se verrait déchu d'un droit qu'il considérait peut-être même comme un devoir.

Disons, enfin, pour terminer les explications relatives à l'art. 9, que son application ne s'étend point à ceux qui ont été seulement conçus en France et n'y sont pas nés.

Le premier alinéa de l'art. 10 porte : Que tout enfant né d'un Français en pays étranger est français. Cette disposition de la loi est la conséquence nécessaire du principe que l'enfant suit toujours la condition de son père, lorsque cet enfant est ou légitime ou légalement reconnu.

Mais qu'arrivera-t-il s'il n'existe pas de reconnaissance légale du père? Il est facile de répondre à cette question, que notre premier alinéa n'a pas prévue. S'il y a reconnaissance de la mère, les dispositions de cette partie de l'article lui seront applicables.

Le deuxième alinéa du même article est incomplet comme le premier. Il est ainsi conçu : Tout enfant, né en pays étranger, d'un Français qui aurait perdu cette qualité, pourra toujours la recouvrer en remplissant les formalités prescrites par l'art. 9. Je m'empresse, pour le compléter, d'ajouter ces mots : Ou d'une mère française, s'il n'y a ni mariage ni reconnaissance du père.

Quoique l'article ne parle que de l'enfant né en pays étranger, il est inutile de dire qu'il s'applique à celui qui serait en France, puisque, comme nous l'avons déjà vu, le seul fait d'être né en France est déjà une cause de faveur aux yeux de la loi.

Nous avons appris, par le deuxième alinéa de l'article premier, quelle est la deuxième manière de devenir français, par le bienfait de la loi; enfin, la troisième et la dernière dont parle le Code, est renfermée dans l'article 12, qui est ainsi conçu : L'étrangère qui aura épousé un Français suivra la condition de son mari. Nous devons faire observer que cette disposition ne s'applique pas à la femme dont le mari, étranger d'abord, devient français postérieurement au mariage.

Il est encore deux manières de devenir français, et quoique le Code ne les mentionne pas, elles ont assez d'importance pour que nous ne croyons pas devoir les passer sous silence. La principale, est la naturalisation; l'autre, est un contrat tacite passé entre le gouvernement et un individu. Il en existait autrefois une troisième, créée par la loi du 14 octobre 1814 : c'était l'adjonction à la France d'un territoire nouveau.

La nouvelle loi sur la naturalisation, du 3 décembre 1849, l'a abrogée.

Le contrat tacite passé entre le gouvernement et un individidu est un contrat que les circonstances peuvent faire apparaître, et qui s'induit de ce que l'étranger a été appelé à s'acquitter des charges qui ne s'imposent qu'aux Français, telles que le service militaire, ou le jury, et qu'il a répondu à cet appel.

Nous allons parler, enfin, de la naturalisation qu'une loi du 3 décembre 1849 a entièrement modifiée. Par la naturalisation, non-seulement on devient français, mais on obtient encore le titre de citoyen, c'est-à-dire qu'elle n'octroie pas seulement la jouissance et l'exercice des droits civils ; mais encore la plénitude des droits civiques, ou bien le droit de participer à la puissance publique. Il est inutile de dire que la naturalisation est seulement applicable aux étrangers, puisque nous avons établi plus haut que tout enfant mâle naissait citoyen en même temps que français ; c'est-à-dire que la majorité lui conférait ce droit, sans formalité aucune.

Etudions maintenant les différences qui distinguent l'ancienne loi de la nouvelle. Sous l'empire de l'ancienne loi, les conditions, pour se faire naturaliser, étaient : la déclaration, après avoir atteint l'âge de vingt-un ans accomplis, de se fixer en France ; la résidence pendant dix années à partir de cette déclaration ; et, enfin, la prononciation pure et simple de la naturalisation par le roi. Relativement à l'âge de vingt-un ans et au nombre d'années de résidence, la disposition de la nouvelle loi est la même ; mais, d'après elle, il ne suffit plus de déclarer son intention de se fixer en France, il faut obtenir du roi l'autorisation d'y établir son domicile, conformément à l'art. 13 du Code Civil. Enfin, elle a substitué à la prononciation pure et simple, la disposition suivante : *La naturalisation ne pourra être accordée qu'après enquête faite par le gouvernement relativement à la moralité de l'étranger, et sur l'avis favorable du Conseil d'Etat.*

Les deux lois ne diffèrent nullement l'une de l'autre, sous le rapport de la réduction du délai de dix ans de résidence à une année, en faveur des étrangers qui auront rendu à la France des services importants, ou qui auront apporté en France, soit une industrie, soit une invention utile, soit des talents distingués, ou bien encore qui auront formé de grands établissements. La nouvelle loi porte que l'étranger naturalisé ne jouira du droit d'éligibilité à l'Assemblée Nationale qu'en vertu d'une loi. Cette disposition ne contrarie nullement l'esprit de l'ancienne loi, qui n'accordait, en effet, le droit de siéger dans les Chambres qu'à ceux qui pouvaient obtenir des lettres du roi, fait que l'on qualifiait de grande naturalisation. Il ne nous reste plus, pour en avoir fini avec cette matière, qu'à énoncer deux articles de la loi nouvelle, qui ne trouvent pas de correspondant dans l'ancienne.

1° *Le président de la République statuera sur les demandes en naturalisation.*

2° *Tant que la naturalisation n'aura pas été prononcée, l'autorisation accordée à l'étranger d'établir son domicile légal en France, pourra toujours être révoquée ou modifiée, par décision du gouvernement, qui devra prendre l'avis du Conseil d'Etat.*

L'étranger naturalisé français jouira de tous les droits civils pendant toute la durée de son stage. Il eût été, en effet, injuste de le priver de ce droit, lorsque la demande à fin de naturalisation lui a peut-être ravi ceux qu'il tenait de la loi civile de son pays.

La jouissance des droits civils en France pour les étrangers, et qui est réglée dans les articles 11, 13 et suivants, a ce caractère tout particulier, qu'elle s'attache au domicile et se perd avec lui, contrairement à la qualité d'étranger, qui suit partout celui qui la possède.

L'article 11 nous dit : L'étranger jouira, en France, des mêmes droits civils que ceux qui seront accordés aux Français par les traités de la nation à laquelle cet étranger appartiendra. Si cet article a été ainsi rédigé, c'est que le généreux exemple que donna la France, en abolissant, sous l'Assemblée Constituante, le 6 août 1790, les droits d'aubaine et de détraction, alors en vigueur dans toute l'Europe, ne fut suivi par aucune nation. De telle sorte, que les Français étaient dépouillés de tous droits à l'étranger, tandis que les étrangers les avaient tous en France. Cette injustice ne permit donc pas aux rédacteurs du Code de suivre la même marche. Voilà pourquoi ils établirent, par l'article 11 du Code Civil, un sage milieu, dont les dispositions furent en partie, implicitement abrogées par la loi du 14 juillet 1819. Cette loi, en effet, accorde à l'étranger le droit de succéder en France et d'y recevoir des donations, bien que ce droit n'appartienne pas aux Français en pays étranger.

Pour terminer la jouissance des droits civils, il nous reste à dire quelques mots de la compétence, eu égard aux étrangers. L'étranger pourra être traduit devant les tribunaux de France pour obligations contractées en France, avec un français. Il pourra encore être traduit devant les mêmes tribunaux, pour obligations contractées avec un Français, en pays étranger. Pour le premier cas, prévu par l'art. 14, relativement aux obligations contractées par l'étranger en France ; il est naturel que l'étranger soit cité devant les tribunaux français ; car, en venant s'obliger en France, il en accepte tacitement la juridiction. Mais , dans le deuxième cas, lorsque c'est le Français , au contraire, qui va s'obliger hors de son pays , il paraît extraordinaire que l'étranger soit soumis aux tribunaux français ; le Français a donc toujours la faculté, toute de faveur, du reste, de traduire devant les tribunaux de France l'étranger avec lequel il a contracté.

Enfin , par une disposition de garantie en faveur des Français défendeurs , l'étranger demandeur , en toutes matières autres que celles de commerce, sera tenu de la caution *judicatum solvi;* mais s'il base sa demande sur un titre exécutoire, c'est-à-dire rendu exécutoire par un jugment rendu en France , il en est dispensé , ainsi que s'il possède en France des immeubles d'une valeur suffisante pour assurer le paiement.

Dans le cas de cette dernière exception, se présente la question de savoir, si le Français peut obtenir hypothèques sur les immeubles de l'étranger demandeur.

Nous pensons , malgré l'opinion de certains auteurs , qu'il ne le peut pas , par ce que , d'après le texte de la loi , qui est restrictive dans sa disposition , il y a dispense de caution lorsque l'étranger *possède en en France, des immeubles,* et non pas *lorsqu'il donne hypothèque sur ces immeubles.* La loi oût pout être mioux fait, pour les sûretés du plaideur , d'accorder hypothèque. Mais ne l'ayant pas dit dans son texte , les tribunaux , par leurs jugements , ne peuvent y suppléer.

Maintenant que nous avons épuisé la matière relative à la jouissance des droits civils, nous allons examiner , dans le chapitre 2 , par quelles causes les Français peuvent être privés de ces droits.

CHAPITRE II.

DE LA PRIVATION DES DROITS CIVILS.

De la privation des droits civils par la perte de la qualité de français.

L'article 17 n'indique que trois causes qui peuvent faire perdre la qualité de français, quoiqu'il y en ait cinq bien distinctes, qui sont, du reste, notées dans les articles suivants.

Voici les trois premières que reconnaît l'art. 17.

La qualité de français se perdra :

1° Par la naturalisation *acquise* en pays étranger ;

2° Par l'acceptation, non autorisée par le roi, de fonctions publiques conférées par un gouvernement étranger ;

3° Par tout établissement, fait en pays étranger, sans esprit de retour ;

4° Par le mariage d'une femme française avec un étranger ;

5° Par l'acceptation, non autorisée par le gouvernement, de service militaire chez l'étranger, ou par l'affiliation à une corporation militaire étrangère.

La première des causes que nous venons de mentionner, par lesquelles se perdent la qualité de français, est la naturalisation acquise en pays étranger.

Lorsque le pays retire à celui de ses sujets qui l'abandonne pour en adopter une autre, tous les droits que cette qualité lui avait conférés dès sa naissance, et le déclare étranger, c'est moins un blâme qu'il jette sur lui, qu'une conséquence nécessaire de sa fuite.

Si la loi naturelle, en effet, accorde à tout homme le droit de choisir une patrie, elle lui défend aussi bien d'en prendre deux que de n'appartenir à aucune. Etre isolé dans le monde, ne dépendre que de soi, et n'être utile qu'à soi, est impossible, par ce que Dieu ne l'a point voulu. Appartenir à deux pays à la fois, participer aux droits divers que chacun d'eux confère à leurs sujets respectifs, est défendu par la justice humaine, parce qu'un seul homme ne peut consacrer sa vie physique et morale à remplir tous les devoirs que peuvent exiger de lui les deux nations dont il ferait partie. Ces divers motifs nous mènent donc à conclure que le Français naturalisé étranger, doit perdre sa qualité de français.

L'acceptation de fonctions publiques, dont s'occupe le deuxième cas, fait aussi présumer que le Français a renoncé à sa patrie, parce qu'alors il contracte des engagements incompatibles avec la subordination et le dévouement qu'il doit à la France. Il faut remarquer qu'ici, comme dans la première cause, les fonctions doivent avoir été acceptées : il ne suffirait pas qu'elles eussent été sollicitées et offertes.

L'établissement fait en pays étranger, sans esprit de retour, énoncé dans le 3° de l'art. 17, brise incontestablement tous les liens qui attachaient à la patrie; mais la présomption de la loi est toujours en faveur de l'esprit de retour, et cette présomption ne cède qu'à la preuve contraire, qui doit être fournie par celui qui veut faire prononcer la perte de la qualité de français, en vertu du principe : *onus probandi incumbit ei qui dicit, et non ei qui negat.*

Les juges sont appréciateurs de toutes les circonstances que l'on pourra produire comme preuves, telles qu'un long laps de temps sans donner de nouvelles, un mariage en pays étranger, la translation de fortune, etc. Le mariage, par sa nature même, et par l'union si intime qui en résulte pour les époux, devait être nécessairement, pour la femme qui épouse un étranger, un cas de perte de la qualité de française; et le législateur a vu en effet, avec beaucoup de raison, dans cet acte, une renonciation tacite à cette qualité.

La disposition du n° 5, qui fait l'objet de l'art. 20, nous dit implicitement : que celui qui aura pris du service militaire à l'étranger ne pourra recouvrer la qualité de français qu'après dix ans de résidence. Ne devait-on pas, en effet, assimiler à l'étranger qui veut devenir français, le Français assez coupable pour aller verser, sans autorisation, au service d'un autre pays, le sang qu'il doit tout à la France !

Dans les quatre premiers cas, au contraire, pour recouvrer la qualité de français, il suffit de rentrer en France avec l'autorisation de l'État et d'y fixer son domicile. La femme française qui a épousé un étranger jouit même de ce bénéfice.

Privation des droits civils par suite de condamnations judiciaires.

Nous nous trouvons ici en face d'une peine abrogée depuis peu, et qui nous impose la tâche difficile d'en examiner les anciens effets, d'en apprécier la suppression , et d'expliquer les avantages et les dispositions de celles qui la remplacent. Nous nous ferons seulement l'écho des savantes discussions portées au Corps Législatif , car ce travail serait trop au-dessus de nos forces, si notre jugement et nos appréciations seules devaient nous guider.

Avant la nouvelle loi sur l'abrogation de la mort civile, du 31 mai 1854 , on pouvait, par l'effet des condamnations , être privé de la totalité ou d'un partie des droits civils ; la privation totale de ces droits constituait la mort civile, qui doit nous occuper le plus directement.

La mort civile consistait , d'après l'ancienne loi, dans l'état d'un individu privé , par l'effet d'une condamnation , de ses biens et de ses droits civils et politiques. Ce n'était pas, par conséquent, une peine principale , mais le résultat légal d'une autre peine.

Pour que la peine entraînât mort civile , il fallait deux conditions : 1° qu'elle fût perpétuelle; 2° que la loi l'eût attachée à cette peine.

Les peines emportant mort civile sont : 1° la condamnation à la mort naturelle; 2° les travaux forcés à perpétuité ; 3° la déportation.

Le résultat de la mort civile était de faire considérer celui qui en était frappé comme mort aux yeux de la loi; elle produisait des effets irrévocables; voilà pourquoi , du reste, elle ne pouvait être attachée à une peine temporaire.

Ses effets directs étaient donc :

1° L'ouverture de la succession *ab intestat* du condamné , et son incapacité de succéder ;

2° La déshérence qui frappait les biens par lui acquis après sa condamnation ;

3° La dissolution du mariage antérieur du condamné , et l'incapacité pour lui d'en contracter un nouveau.

Nous allons essayer de montrer qu'aucun des effets ci-dessus n'atteignait le but que s'étaient proposé ceux qui firent promulguer cette loi fatale.

1° La succession est ouverte.... Voilà donc le condamné vivant dépossédé de ses biens. Alors, qu'arrive-t-il C'est que la loi ordonne au fils de dépouiller le père, tandis que la nature et la religion le lui défendent.

Si le fils obéit à la loi, le monde le comdamne et le réprouve, si, au contraire, son cœur et ses devoirs lui font laisser clandestinement au père condamné les biens qu'il est obligé de rendre, cet homme se trouve alors, d'un côté, en opposition avec la loi, parce qu'il est bon et vertueux; d'un autre côté aussi, on voit un coupable dont la punition légale n'est presque plus rien, puisque sa peine n'est appliquée qu'en partie.

2° Le condamné est incapable de succéder. Ses enfants, dans ce cas, souffrent beaucoup plus que lui-même de la condamnation.

Dans le troisième cas, il en est de même. Nous arrivons enfin au quatrième, le plus important, et qui fait ressortir le mieux l'injustice et l'immoralité de cette loi.

4° Le condamné est incapable de contracter un mariage légitime. S'il était marié antérieurement, son mariage est dissous.

Voilà donc la loi civile qui prend sur elle, dans cette incompréhensible disposition, de briser des liens que la religion seule a pu nouer. Le mariage, d'après elle, n'était plus d'institution divine! Cette monstruosité est plus incompréhensible encore après le rejet du divorce. Rejeté comme règle générale, le divorce était conservé à l'état d'exception. Il valait mieux alors le laisser subsister en entier; la logique en eût été plus satisfaite et la morale n'en eût pas été blessée davantage.

Demandons-nous, maintenant, quelle pouvait être la cause d'une disposition législative contraire à tout principe de morale, de religion et de logique... De raison d'être, elle n'en avait pas d'avouables; car toutes étaient aussi immorales que la loi elle-même, et celles qu'on a voulu hasarder, nous venons de les reconnaître illogiques.

Pourquoi donc le législateur est-il resté si longtemps à la flétrir? Pourquoi seulement après cinquante-cinq ans de discussions pénibles, est-on parvenu à atteindre ce but si ardemment désiré par tous?... C'est que la puissance du préjugé, et surtout, dans le principe, la conséquence de la confiscation des biens des émigrés, et peut-être, plus tard, un peu d'indifférence, ont contrarié son abrogation.

La gêne, le carcan et l'exposition publique, que les récriminations des publicistes sont parvenues depuis longtemps à effacer de notre Code Pénal, n'avaient pas cependant le même caractère d'inhumanité et de déraison que possédait au plus haut degré la mort civile. Ces peines, tout-à-fait passagères, ne s'appliquaient d'ailleurs qu'au coupable et pouvaient exercer par leur appareil, plus effrayant que cruel, une impression favorable et profonde sur les masses. Tandis que la mort civile, avec ses moyens faux et empreinte d'une immoralité révoltante, soulevait l'indignation des honnêtes gens, sans exciter les terreurs des criminels.

La France a reconnu cependant qu'il ne suffisait pas à son humanité et à sa justice, d'avoir ôté les instruments de torture des mains de ses bourreaux ; elle a proclamé, enfin, ce qu'elle savait d'ailleurs depuis longtemps, c'est qu'une loi contraire à la religion et à la morale pouvait avoir des effets bien plus terribles et directs pour l'avenir du peuple, que la vue des tortures offertes autrefois à sa curiosité.

Il nous reste maintenant à examiner quels devront être, à l'avenir, les effets civils des condamnations perpétuelles.

Ces effets sont déterminés par les art. 2 et 3 de la nouvelle loi. Ils consistent dans la dégradation civique, l'état d'interdiction légale ; enfin, l'incapacité de donner ou de recevoir, soit par donation entre-vifs, soit par testament.

La dégradation civique, incapacité perpétuelle, dépouille le condamné de tous les droits civiques et de certains de ses droits civils, tels que 1° du droit d'être expert ou témoin ; 2° de pouvoir faire partie d'un conseil de famille ou d'être tuteur, curateur, subrogé-tuteur ou conseil judiciaire, si ce n'est de ses propres enfants, et encore sur l'avis seulement de la famille. Elle marque enfin le condamné d'une tache d'infamie, qui ne peut être effacée que par la réhabilitation.

L'état d'interdiction légale constituée par les art. 29 et 31 du Code Pénal, dont toutes les dispositions ont été également adoptées par notre loi, frappe les biens et la personne du condamné pendant la durée de sa peine.

Quant à l'incapacité de recevoir ou de disposer à titre gratuit, elle a un caractère perpétuel qui la fait survivre à la libération.

Cette loi, toujours par les principes de justice et de modération qui la distinguent, ajoute que le gouvernement peut relever le condamné à une peine afflictive perpétuelle de tout ou partie des incapacités prononcées par l'article précédent ; il peut lui accorder l'exercice, dans le lieu de l'exécution de la peine, des droits civils ou de quelques-uns de ces droits dont il a été privé par son état d'interdiction légale.

L'art. 5 ajoute : « Les effets de la mort civile cessent pour l'avenir à l'égard des condamnés actuellement morts civilement, sauf les droits acquis aux tiers. »

Voilà quelles sont les dispositions de cette loi si remarquable, qui s'est efforcé de racheter le plus possible les fautes de l'ancienne, ou qui du moins les a si bien faites oublier.

CODE PÉNAL.

Des peines afflictives et infamantes temporaires.

Pour qu'il nous soit possible d'exposer avec raison et connaissance de cause les dispositions relatives à la matière pénale que nous avons à traiter, il nous est indispensable de savoir d'abord quelle a été l'intention du législateur lorsqu'il a créé son système de peines ; ce qui revient à se demander quel est le but qu'elles doivent atteindre pour être irréprochables dans leur application.

Cette question a donné naissance à plusieurs systèmes, tous incomplets, à l'exception d'un seul, dû à un savant auteur, qui a su réunir, dans ce dernier, toutes les conditions nécessaires, je ne crains pas de dire indispensables, pour que les peines soient efficaces et qu'elles parviennent au but le plus éloigné que la justice même puisse atteindre.

Les peines, d'après lui, doivent nécessairement renfermer sept conditions bien distinctes. Il faut qu'elles soient *exemplaires, réformatrices, instructives, personnelles, divisibles, égales et réparables*, c'est-à-dire : que l'impression qu'elles causent puisse, par intimidation, éloigner de commettre les mêmes crimes ; qu'elles encouragent le repentir dans le cœur du condamné ; qu'elles entretiennent dans les âmes la conviction de la perversité des actes réprimés par elles. Elles doivent être personnelles, en ce sens que l'auteur seul du crime doit être puni ; divisibles, c'est-à-dire susceptibles de plus ou de moins, soit en intensité, soit en durée ; égales, en frappant le plus possible également sur les divers coupables des mêmes crimes ; réparables, enfin, lorsque des circonstances fatales les ayant fait injustement appliquer, il soit possible de réparer le mal qu'elles auront causé.

Le Code a divisé les peines en afflictives et infamantes, simplement infamantes et correctionnelles. Cette distinction du Code, relativement aux peines, a été l'objet de vives discussions, et les auteurs sont assez généralement d'accord pour la critiquer.

Pourquoi, en effet, attacher ce caractère d'infamie aux peines en matière criminelle ? Le législateur a probablement voulu exciter contre le coupable la réprobation du monde ; mais il n'a pas songé que, bien souvent, il peut arriver que, dans tels et tels cas, l'opinion publique ne soit pas la sienne. En général, d'ailleurs, les masses ne se trompent pas dans leurs jugements ; il fallait donc les laisser juger dans cette matière. L'opinion n'eût pas manqué d'attacher ce caractère d'infamie, dont la loi frappe tous les crimes sans distinction, lorsqu'il aurait été mérité, et le législateur ne se serait pas mis souvent, en matière politique, surtout, dans le cas d'avoir contre lui l'opinion du peuple, juge aussi impartial et aussi éclairé que lui-même.

Il ne devrait donc pas exister de peines infamantes proprement dites. En général, les peines afflictives doivent être correctionnelles.

Il ressort encore des dispositions des premiers articles du Code Pénal, que les peines, en matiere criminelle, peuvent se diviser en *perpétuelles* et *temporaires*.

Les premières sont : les travaux forcés à perpétuité et la déportation.

Et les peines afflictives et infamantes temporaires, dont nous avons à nous occuper ici spécialement, sont : les travaux forcés à temps, la détention et la réclusion.

Les peines afflictives et infamantes temporaires ont, sur les peines perpétuelles, cet avantage qu'elles n'éloignent pas autant le condamné du repentir : cet espoir de liberté, quelque éloignée qu'elle soit ; l'encourage à se préparer, par l'expiation, à reprendre sa place dans le monde, et, lorsqu'il y sera admis, à faire pardonner ses crimes passés par une conduite exemplaire.

La première de ces peines que nous ayons à examiner, est celle des travaux forcés à temps.

Travaux forcés à temps.

La définition des travaux forcés en général, qui est donnée dans le Code, est ainsi conçue : « Les hommes condamnés aux travaux forcés, seront employés aux travaux les plus pénibles ; ils traîneront un boulet à leurs pieds, ou seront attachés deux à deux, avec une chaîne, lorsque la nature de leur travail le permettra. » La durée des travaux forcés à temps varie de cinq à vingt ans.

Laissons de côté les critiques diverses qu'a soulevé le système des bagnes, et, sur cette définition, examinons, en nous rattachant seulement aux règles générales posées plus haut, quels étaient et les avantages et les inconvénients de cette peine, entièrement modifiée aujourd'hui.

Nous lui reconnaissons, d'abord, deux vices principaux. Elle est *inégale*, et n'est pas assez *réformatrice*.

Son inégalité est évidente, car, en soumettant tous les condamnés, sans distinction d'âge et de vigueur, aux mêmes travaux et au poids des mêmes boulets, il en était que les souffrances physiques finissaient par tuer, tandis que d'autres, plus criminels peut-être, mais aussi plus vigoureux, se riaient de leurs chaînes et bénissaient même, quelquefois, leurs travaux, qu'ils n'auraient pas désiré changer contre les peines reconnues moins violentes par la la loi, la réclusion, par exemple.

Elle n'est pas assez réformatrice, ai-je dit, et la cause en est l'infamie morale, que le législateur a voulu y attacher. Autrefois, quand le fer du boureau déclarait infâme le corps du forçat, il interdisait, par cela même, l'accès de son cœur au repentir. Plus tard, le condamné à cette peine temporaire, avec cette ressource de croire qu'en s'expatriant, au sortir du bagne, il pourrait échapper à la flétrissure du titre infâme de forçat libéré, pouvait appeler le repentir ; et si jamais la loi, déclarant que les peines afflictives ne sont plus infamantes, laissait à l'opinion publique seule le droit d'appliquer l'infamie, les condamnés, au lieu de sortir du bagne aussi vicieux qu'ils y sont entrés ; rentreraient, pour la plus part, dans le monde, réformés par la peine, et par l'espérance de pouvoir reconquérir un jour l'estime de leurs concitoyens.

Si la peine des travaux forcés à temps, selon son ancienne organisation, avait ces deux vices saillants, il faut reconnaître aussi qu'elle était essentiellement exemplaire, car l'opinion s'en émouvait toujours et y trouvait une expiation suffisante des plus grands crimes.

Le législateur, du reste, tendait depuis longtemps à corriger ses inconvénients les plus graves ; ainsi, la loi du 20 août 1828, en séparant les condamnés d'après la durée de leurs peines, lui avait fait faire déjà un pas immense. Et, enfin, la loi du 30 mai 1854, qui supprime les bagnes en France, et fait subir aux condamnés leurs peines dans les colonies, la rend, par ses modifications importantes, réformatrice et à peu près égale.

Réformatrice, en ce sens, que par l'espoir d'obtenir la jouissance de certains droits civils, elle encourage le déporté à mener une bonne conduite et à devenir meilleur. A peu près *égale*, parce que tout en condamnant les coupables, sans distinction de force ni d'âge, aux travaux les plus pénibles de la colonie, elle ne les assujettit plus à traîner le boulet et à porter la chaîne qu'à titre de punition.

Réclusion.

Par ordre de gravité, la deuxième peine afflictive et infamante temporaire est bien la réclusion ; son mode d'exécution et ses peines accessoires lui valent la place que nous lui donnons, quoique sa durée de cinq à dix ans, la fasse rejeter au dernier rang par le Code. Sous le rapport de son importance et de sa perfection, elle mériterait, même, d'être mentionnée la première.

Si j'ai mentionné sa perfection et son importance, c'est que nous retrouvons en elle la réunion des sept circonstances nécessaires pour qu'une peine soit aussi irréprochable qu'on peut le désirer. Elle pèche, peut-être, sous le rapport de l'égalité, car elle ne prive pas tous les condamnés, dans les cas semblables, des mêmes jouissances, et encore même les juges peuvent-t-ils souvent faire disparaître ces inconvénients.

Mais son plus grand avantage, qu'elle possède seule, d'ailleurs, au plus haut degré, est de pouvoir prétendre à réformer le moral du coupable. Elle offre, pour atteindre ce but, toutes les conditions nécessaires ; et si, en France, les cas de récidive dans lesquels tombent les détenus réclusionnaires sont encore trop fréquents, il faut en attribuer la faute, non pas à la peine, mais à la manière dont on la fait subir.

La réclusion, d'après l'art. 21 du Code Pénal, consiste à enfermer le coupable dans une maison de force, et à l'occuper à divers travaux, dont le prix peut être en partie employé à son bénéfice. On voit, d'après ces dispositions, que cette peine est correctionnelle au plus haut dégré et éminemment réformatrice. L'emprisonnement, en effet, et le travail, punissent bien suffisamment le coupable ; et par l'occupation imposée au prisonnier, le régime pénitentiaire doit arriver à lui inculquer des habitudes inappréciables pour lui, d'ordre et de travail. En l'arrachant à l'oisiveté, on l'arrache aux vices qu'elle engendre, et pour mieux combattre ensuite sa perversité morale, la religion est là, personnifiée dans le prêtre, qui vient, par de bonnes paroles et de beaux exemples, guérir ces âmes malades de tant de vices affreux.

Cependant, pour atteindre cet admirable but qui ferait réellement de la réclusion la base de tout le système pénal, il faut que le système pénitentiaire renferme, dans son exécution, toutes les garanties possibles de succès. La première et la plus importante, est l'isolement des prisonniers ; car, dans les maisons de force où les condamnés se trouvent en contact, les vices de ces malheureux ne peuvent que devenir plus nombreux et plus enracinés, et la réforme y est impossible. Nous venons de parler des autres conditions de succès pour ce système, et nous en avons exposé aussi les immenses avantages : ce sont, le travail, et l'instruction morale et religieuse surtout, qui est le plus puissant auxiliaire du pouvoir pour la réforme des détenus.

Détention.

La troisième et dernière peine dont nous ayons à nous occuper est la détention. Elle a été établie pour punir les crimes politiques ; elle se subit dans une des forteresses de France, et sa durée ne peut être moindre de cinq ans et plus longue que vingt, sauf le cas de l'art. 33 du Code Pénal.

L'établissement de cette peine a été un grand progrès pour notre Code Pénal. N'ayant pas à punir des crimes qui s'adressent à la société toute entière, mais seulement à un gouvernement représenté quelquefois par un seul homme, le législateur ne devait pas confondre le coupable de ce genre avec ceux qu'une organisation vicieuse et un but infame avaient poussé au crime. Que lui fallait-il ? Assurer simplement la sécurité de la société. La détention, qui en retranche le coupable, a suffi pour lui enlever toute crainte à cet égard.

PROCÉDURE CIVILE.

LIVRE II, TITRE VIII.

Des jugements par défaut et opposition.

(A l'exception des articles 163 et 164.)

La théorie des jugements par défaut repose sur ce principe de droit naturel : que nul ne doit être condamné sans avoir été appelé à se défenfendre.

En effet, le législateur n'a pas voulu que lorsqu'une des parties ne pouvait pas comparaître, elle pût être condamnée sans recours. Aussi elle autorise celle qui a été absente à revenir sur le jugement qui l'a frappée.

Le défaut peut donc se définir : un jugement rendu en l'absence de l'une des parties, sur la comparution de l'autre.

Les jugements par défaut se divisent en deux grandes classes : défaut contre le défendeur, et défaut contre le demandeur.

Du défaut contre le défendeur.

Les jugements par défaut vis-à-vis du défendeur prennent divers noms, suivant qu'il y a eu ou qu'il n'y a pas eu constitution d'avoué. Dans le premier cas, ce jugement prend le nom de *défaut faute de conclure*, ou *faute de plaider.*

Dans le deuxième cas, il prend le nom de *défaut faute de comparaître*.

Règles communes aux jugements par défaut faute de comparaître *et* faute de *conclure.*

Ces jugements, quoique différents dans leur exécution, ont cependant des règles qui leur sont communes. Ainsi, ils sont prononcés sur les conclusions de la partie présente. Le tribunal, après vérification de ces conclusions, les admet en entier ou en les modifiant. Il peut, s'il le juge convenable, ordonner le dépôt des pièces sur le bureau pour prononcer le jugement à l'audience suivante (art. 150).

Mais si déjà il y a eu une opposition de laquelle on ait été débouté, on ne peut pas en faire une nouvelle, d'après cet adage : *Opposition sur opposition, ne vaut.*

Règles spéciales aux jugements par défaut faute de comparaître *et* faute de *conclure.*

FAUTE DE COMPARAÎTRE.

Lorsque une partie, avons-nous dit, n'a pas constitué avoué, on prend contre elle un défaut faute de comparaître. Ce jugement, rendu contre le défendeur, doit lui être signifié à domicile par un huissier commis par le tribunal.

Le législateur n'a pas voulu laisser à l'arbitraire de la partie qui a requis le défaut le soin de le faire signifier ; il a voulu que le tribunal désignât lui-même l'huissier qu'il croyait devoir charger de cette mission.

Le tribunal peut aussi désigner le président d'un autre tribunal ou le juge de paix du canton qui fait le choix de l'huissier à commettre. Le jugement signifié, la partie qui n'a pas constitué avoué a, pour faire opposition, jusqu'à l'exécution de ce jugement (art. 158).

Le jugement sera réputé exécuté, lorsque les meubles saisis auront été vendus ou que le condamné aura été mis sous les verroux.

Les jugements par défaut contre la partie qui n'aura pas constitué avoué, devront être exécutés dans les six mois, sans cela ils seront réputés non-avenus. Cette *péremption exceptionnelle*, différente de la *péremption ordinaire*, s'acquiert de *plein droit*, sans qu'elle ait besoin d'être demandée, sans qu'il y ait eu une instance engagée. La loi n'a pas voulu que celui qui possédait une arme contre son adversaire pût toujours le menacer sans jamais le frapper.

FAUTE DE CONCLURE.

Lorsqu'une partie défenderesse a constitué avoué, elle peut, malgré cela, subir un défaut. Ce jugement porte le nom de défaut *faute de conclure, faute de défendre* ou *faute de plaider*. C'est l'avoué qui quelquefois, pour des motifs à lui connus, laisse prendre un défaut contre sa partie.

A la différence du défaut faute de comparaître, ce jugement doit être signifié à l'avoué, qui, dans la huitaine de sa signification, doit faire une *requête à l'opposition*.

La requête à l'opposition est un acte d'avoué à avoué, qui doit contenir les moyens d'opposition, à moins que la procédure se trouve dans le cas prévu par la fin du premier alinéa de l'art. 161. Ces règles non suivies, l'exécution du jugement se poursuivra, et l'opposition sera rejetée sur un simple acte, sans qu'il soit besoin d'aucune autre instruction.

L'opposition faite dans la forme voulue, l'avoué poursuivant fera appeler la cause sur placet, pour être plaidée à une prochaine audience.

Du défaut joint.

Il est encore un autre défaut pris contre le défendeur qui n'a pas constitué avoué, tandis que ses co-défendeurs l'ont constitué; ce défaut porte le nom de *défaut profit joint,* ou bien encore de défaut joint.

L'article 153 est précis.

Ce jugement obtenu contre les défendeurs qui n'auront pas constitué avoué, doit leur être signifié avec réassignation de comparaître. Ce jugement, une fois qu'il aura été signifié, le sera aussi à l'avoué constitué pour les autres défendeurs, pour lui dénoncer que la cause est en règle et que si, dans les délais voulus par la loi, les réassignés n'ont pas constitué avoué, il sera passé outre, et la cause sera plaidée.

Défaut contre le demandeur.

Nous nous sommes occupés jusqu'à présent du défaut contre le défendeur, il est un autre défaut, qui est celui contre le demandeur, appelé vulgairement *défaut congé*. A la différence du défaut contre le défendeur, les conclusions prises contre le demandeur lui sont toujours allouées, parce que le demandeur absent fait croire qu'il regrette de s'être aventuré, ce que le tribunal considère comme un aveu tacite de sa faute.

Le défaut contre le demandeur, qui porte un nom spécial, peut être cependant rangé dans la catégorie des défauts faute de conclure, parce que le demandeur, en assignant devant le tribunal, est obligé de constituer avoué, dans son ajournement, à peine de nullité (art. 61).

Nous avons brièvement parcouru les caractères des différents jugements par défaut que le législateur a placé dans le Code, dans un but si louable; mais, dans la pratique, il est regrettable de le dire, les jugements par défaut ne servent trop souvent qu'à éloigner le débat et entraîner par là des longueurs préjudiciables aux intérêts des parties.

Vu par le Président de la Thèse,
LAURENS.

Cette Thèse sera soutenue, dans l'une des salles de la Faculté, en séance publique, le 10 août 1855.

Toulouse, Impr. Lamarque et Rives, successeurs d'Hénault, rue Tripière, 9.

Toulouse, Imprimerie LAMARQUE & RIVES, rue Tripière,